노을의 축배

지성 · 감성의 메타언어
조선문학시인선 · 306

노을의 축배

임 정 순 시집

조선문학사

■ 시집을 내면서

'꿈이 있는 사람은 늙지 않는다'라는 말을 가슴 깊이 새기며 등단의 문을 통과 했습니다.

신춘 문예로 가슴 조이던 그 때의 열정을 너무 오래 잊고 살았던 게으름이 정말 후회스럽습니다.

자연과 더불어 세상을 안고 사랑하며 내면의 소리를 시(詩)로 쓸 수 있게 해주신 하나님께 감사드립니다.

등단하기 전 쓴 시(詩) 몇 편과 등단 이후의 작품을 한데 묶어 부끄러운 마음으로 커피잔 옆에 살며시 놓습니다.

이 시(詩)를 읽으며 마시는 커피 맛이 더 향기롭기를 기대합니다.

열심히 지도해 주신 박교수님께 감사드리고 따뜻한 마음으로 격려해준 지인들과 친구들 가족들에게 고마운 마음 전하며 먼저 하늘나라로 간 사랑하는 남편께 이 시집을 바칩니다.

2011년 가을에

임정순

임정순 시집 **노을의 축배**

시집을 내면서 · 5

제1부 / 신촌거리에서

그대의 졸업에 · 13
삼청공원 · 14
호반 · 15
신촌거리에서 · 16
진달래꽃 · 18
구름 · 19
단풍 · 20
고향 · 21
겨울밤 · 22
철쭉꽃 · 23
소국(小菊) · 24
국화 · 25
코스모스 · 26
눈 내리는 날 · 27
녹음아래서 · 28
어머니 · 29

백일홍나무 · 30
그루터기 · 32
귀여운 손녀 · 33
돌잔치 · 34

제2부 / 벧엘로 올라가자

강물 · 37
숲 · 38
오십 아홉 살의 기도 · 40
감사 · 42
가나안 땅에 함께 · 44
성전 바닥을 닦으며 · 46
3월의 눈 · 48
봄이 올 수 없다 · 49
새벽에 · 50
노을의 축배 · 51
벧엘로 올라가자 · 52
마중물 · 53

제3부 / 수틀

그릇 · 57
연(鳶) · 58

수틀 · 59
가로등 · 60
파도 · 61
친구 · 62
대치동 거리에서 · 64
태종대에서 · 65
양양 바다를 보며 · 66
해빙기 · 68
바다 · 69
복권 일기 · 70
11월의 엽서 · 72
저무는 해 · 73
요양원에서 · 74
빈 의자 · 76
화장장(火葬場)에서 · 77

제4부 / 나목

봄이 오다 · 81
매화 · 82
벚꽃 · 83
목련 · 84
신록 아래서 · 85
5월에 · 86

나목(裸木) · 87
숲 그늘에서 · 88
나무 · 89
남한산성으로 가며 · 90
여름 끝 · 92
가을산 · 93
가을 문턱 · 94
은행나무 · 95
가을 여행 · 96
처서 · 97
낙엽 · 98
가을 비 · 99
갈대 · 100
고베의 야경 · 101
야외 온천 · 102
미라보 다리 · 103
카프리 섬 · 104
뿌리 공원에서 · 105

제5부 / 시집평설

박진환 / 다양한 詩域의 형상미학 · 108

제1부

신촌거리에서

그대의 졸업에

수 없이 올라온 층계 위에서
이제 가벼운 미소를 날리오

발밑에 꾸겨진 얘길랑
모두 거름이 되게 하고
말갛게 걸러진 마음에
열(熱)한 생각들은
조용히 증발케 하오

이제
새로운 햇살 속에서
힘찬 줄기로 뻗어갈
당신의 길에
항시 노을이 타게 하오

당신을 모아 피는 불꽃 옆에
나는 언제나 윤나는 부채로 있겠오
윤나는 부채로

삼청공원

바람도, 구름도, 나무도
최고의 몸짓으로 정답게
우리를 안아 주던 곳

그가 부르는
도셀리의 세레나데가
옷깃을 열고 세포 하나하나마다
날개를 달아주어
온 세상을 다 얻은 기쁨
잎새들이 소리치며 손뼉 치던 날

모가지를 빼고
모가지를 빼고
사랑의 끈으로 동여 맨 목숨 위에
피우는
향내 나는 꽃이 되리

호반

-국수역 예마당에서

일상을 벗어버리고 마주한 고요가
경련처럼 흔들리는 호반에
파문으로 번진다

내려앉은 흰구름이 갈증을 푸는지
목을 축이고는
먼 길을 떠나듯
그림자 동행하고 흘러간다

면경삼아 내려다 본 물속에 비친 얼굴위에
또 겹쳐지는 얼굴 하나
파문으로 지워졌다
연화처럼 피어난다

신촌거리에서

오늘 여기에 막대기로 섰어도
싹이 트리라

번져드는 열기로 인해
매말랐던 정서의 바닥에
샘이 솟는다

우체국을 지나
신촌역을 돌아 나오면

너와 나의 대화가
강물 되어 흐르고
둘의 목숨을
하나로 묶어 피우던
꿈의 향연들

지나간 것은 모두
노을되어 타는가

버스는 떠나고 또 떠나고
남은 심지에 불을 켜서
높이 높이 봉화를 올리고 싶다

진달래꽃

사십 팔년 된 편지 속에 피어나는 꽃
글씨마다 묻어나는 분홍빛 고백이
흐려지지 않음은
세월이 가도
사랑은 늙지 않음이라

이제 건널목을 지나면
너는 네가 되지 말아라
그이 속에서 너를 찾아라

진달래꽃 묶음에 넣어 보낸
결혼 축시의 마지막 연

그 꽃잎 말리면서
옛날의 내가 증발하고
또 증발하고
그에게 어울리는 꽃이 되어
편지 속에 피어있네

구름

껍질이란 껍질 다 벗고
안과 바깥도 없이
펼치는 몸짓은
항상 미완성

심술이 도진 날엔
비도 되고 바람도 되고
천둥 번개도 되고
맑은 날 올려다 보면
타는 가슴 모두 모여
피어나는 꽃밭이 된다

너와 나 마주보는 눈 속에
언제나 피어나고 있는 것

단풍

처음엔
찬란한 잔치인줄 알았다

뒤늦게야
울음하며 흘린 붉은 눈물이란 걸
알았다

돌아갈 것을 슬퍼하며 울음하는
철새같이
떨어져 나간 생의 마감을
슬퍼했음이거니

가지마다 노을로
떠나가는 잎새들

마지막 목숨 불태우고
돌아가고 싶어 소지(燒紙)로 날려 보낸
단풍의 사연을
울음으로 읽는다

고향

세월의 흐름과는 아무 관련이 없는 곳
퇴색되지 않은 추억과
아직도 식지 않은 엄마의 가슴과
따뜻한 체온을 건네던 친구의 손
언제나 정지된 상태로 살아있는 마음의 풍경

한 나무에 가지마다 피는 꽃은
어느 가지나 다 진실이라고 말하던 사람
아직도 그렇게 생각할까

길도 바뀌고 건물도 새로 서고
모든 것 변했어도
우리를 키운 산과 바다는
여전히 다가오는 넉넉한 품

누에고치처럼
한없이 풀어내는 정(情)이
나를 감고 또 감는다

겨울밤

아랫목 이불에 발을 넣고 듣던 이야기
몇 번을 반복해 들어도 재미가 더해가던
유년의 겨울밤

꺼지지 않는 화롯불은
가슴으로 옮겨와 불씨가 되고
쉬임없이 돌던 생각의 거미줄은
지금도 여전히 돌고 있다
세월 속에 걸렸던 또 다른 이야기들
나이 따라 다르고
뒤늦게 걸렸던 연은 아직도 퍼덕인다

전화도 오지 않는 밤
그리움의 노란 손수건은
가지에 매달린 채
긴 밤을 펄럭인다

철쭉꽃

겨울에도 죽지 않는다는 다짐을 받고
철쭉나무 한그루 사다 무덤 앞에 심었네

'꽃이 피었을까'
궁금한 마음 앞세우고
가족이 함께 성묘(省墓) 온 날

진분홍 꽃잎들이
다투어 고개 내미는 그 속에
내가 있네

소중한 인연의 끈을 잡고
다가서는 송이 송이들

"할아버지께 인사드려"
아들 옆에 다소곳이 서 있는
며느리의 얼굴에도 피어나는 꽃

소국(小菊)

양지녘
소꿉놀이 친구들
도란도란 들려오는 얘기소리
지금도 남아있네

세상은 멀리 있고
슬픔이란 것 모르던
코흘리게 꼬마들이
갖가지 색깔로 피어나
작은 미소로 손을 잡는
정다운 울밑의 풍경화

낡은 필름으로
가슴에 인화되어 있네

국화

맺음 진 사랑을 푸느라
그렇게 긴 시간이 걸렸나

화려한 계절의 길목에서
철없이 가슴 붉히던 사연들이
이제는
노란 실마디로 풀려나고
까닭없이 엉켜진 매듭과
알지도 못한 채 감겨진 대화가

지금은
스스로의 체온으로 녹아 흐르며
피어오르는 꽃
굽이치는 정(情)이
속으로 뜨겁다

코스모스

하고 싶은 많은 말
가는 줄기에 휘감고

몸이 다 손이 되어
흔드는 모습

긴 여름날
온 몸을 부딪쳐 불태우지 못하고
한 걸음 물러서
가슴 끓이던 불나비

되돌아 보고도 울지 않고
여윈 목을 길게 빼고
보내는 것은
나를 연소(燃燒)하는 변화

아름다운 이별을 할 줄 아는
그리움의 물결들

눈 내리는 날

가슴으로 눈을 맞아 본 적 있는가
내릴수록 뜨거워지는 가슴
그런 가슴으로 눈을 맞아 본 적 있는가

차가울수록
뜨거워지는
가슴마다 피는
하얀 꽃

그런 꽃잎
얼마를 풀무질로 불 지피면
빨갛게 피가 도는
꽃잎이 될까

어찌하여
차가움과 뜨거움이 동거(同居)하는지
눈(雪)을 맞아보면 알 수 있는 것을

녹음아래서

몸을 불사르는 매미의 울음
푸른 가지로 세상을 덮은
편안한 공간

가계부의 반란으로
계산기를 두드리는 엄마의 손이 떨리고

이력서를 쓰고 또 쓰는
아들의 오그라든 창자 속까지
초록(草綠)이 내려와 한 바퀴 돌면

부글부글 끓는 마음의 열기가 내려가고
뻣뻣하던 뒷목이
침(鍼)을 맞은 것처럼 부드럽다

언뜻
잎새 사이로
비쳐드는 햇살
무슨 복음(福音)의 말을 전해줄까

어머니

화장한 재를
북쪽 서울을 향해 뿌리시라던
유언 따라 장례를 치른 후
고향에 가기만 하면 막내딸은
가슴에 봉선화 꽃잎 물들이고
옛집터 주위를 빙빙 돕니다

전송 나오시지 말라고 말리셔도
굳이 나오셔서 흰 머리 날리시며
손 흔드시던 모습
사르비아 타는 듯이 피어 있는
정거장에 동상처럼 서 있습니다
나의 영원한 초상화

오빠 언니들 모두 만류해도
서울가서 공부하라 꿈을 심어주던
어머니
그 꿈은 지금도
팔십을 향해 달려 갑니다

백일홍나무

결혼 후 처음으로 시어머님 따라
선산에 인사하러 갔다

고향 어른들께 문안도 드릴 겸
벼르고 별러서 나선 길
얕은 산을 오르는데
산소는 보이지 않고
높은 언덕에 피어있는
백일홍나무가 시야에 들어왔다

시어머니께서 물을 한잔 건네시며
"광산김씨(光山金氏) 집안은
신라의 왕손이고
이조 때 대제학을 7명이나
배출한 양반 가문이다"라고
자랑스럽게 말씀하셨다

차례대로 내려오며 절을 올렸다
"결혼하면 그 집안이 이전보다

더 나아져야 한다”
귀에 들려오는 오빠의 말씀

여름 햇볕을 온 몸에 받으며
분홍빛을 발하던 그날의 백일홍 나무
가슴에 심고 지금까지 물을 준다

그루터기

대들보가 되었을까
기둥이 되었을까
나의 둥치 나의 가지는

작은 줄기들은
한그루 나무가 되어
청청하게 자라고 있겠지

여름이 지나고 가을이 되어도
그대로인 나를
슬퍼하지 않는 것은

멀리서 들려오는 메아리로
기둥 하나 세우기 때문

뿌리가 있어 날개를 달아요
그리움의 끈을 잡고 살아요

귀여운 손녀

토끼 귀가 달린
하얀 모자를 쓰고
살며시 웃는 손녀를 보며
"희연이 공주 같다"
"아니야 공주 아니야"
"그럼 보통 공주 괜찮지 보통공주"
아무런 대답 없는 애를 쳐다보며
우리는 깔깔대며 웃었다

"할머니 보고 싶어요" 감정을 담아 말하는
두 돌짜리의 전화 음성
이년 밖에 안되었는데…
희노애락의 감정을 다 표현하고
먹고 싶은 것 입고 싶은 것
다 말할 수 있으니 놀랍다

긴 세월 얼마나 더 많은 것을 배울까
할머니는 양적으로 많이 살지 못한 바보

돌잔치

색동저고리 빨간 치마 입고
아장 아장 걷는 귀여운 손녀 딸
한복 입은 엄마 아빠 앞에서
왔다 갔다
왼쪽으로 친할머니 쳐다보고
오른쪽으로 외할아버지 외할머니 쳐다보고
고모 이모 삼촌 형들
아는 얼굴 너무 많아 신이 났다

골고루 차린 돌상 앞에서
붓을 잡을까
돈을 잡을까
마이크를 잡을까
어른들의 눈은 한 곳으로 집중
가슴은 두근두근 촛불이 탄다

무엇을 잡든 건강하고 예쁘게 자라
기쁨을 주는 사람 되거라

제2부

벧엘로 올라가자

강물

너를 보면 용서하고 싶어진다

온 수면이 다 귀가 되어
듣고 또 듣고

몇 천개의 마음을 돌아
여기까지 왔는가

갈대의 몸부림도
폭풍우의 아픔도 모두 수용하고
속으로 부서지는 너의 울음

되돌아 갈 수 없는길
순리를 따라
바다로 흘러가며 하는 말
용서

가슴에 박힌 못
모두 뽑아 버리면 나도 강물이 될까

숲

나는 네가 될 수 없고
너는 내가 될 수 없고
너와 나 이웃이 되면
아름다운 조화의 동산

계절 따라 빛이 변하고
태우는 불꽃 모두 달라도
목적은 하나

넘어지고
쓰러지고
끊임없이 바위를 굴려 올리는
우리들의 삶이

세월 속에
허물을 벗고
또
허물을 벗고
향내 나는 산 제사가 되리

무성한 가지는
담을 넘어가고
작은 가지 하나 던져져서
마라의 쓴물이 단물 되리

* 마라의 쓴물 : 출14:23~25

오십 아홉 살의 기도

아브라함이 이삭을 낳고 이삭이 야곱을
야곱은 유다와 그의 형제를 낳았으며-

하나님!
읽을 때마다 지루하던 이 구절 구절 말씀이
이제 가슴깊이 와 닿는 것은
나이 들어간다는 증거입니까?

우리의 생각대로 되는 것이란
하나도 없다는 이 깨달음은
오래 전에 하나님을 절대자로
우리의 마음속에 더 깊이 심으셨고

좋은 말도
거역하는 말도
또 가슴 아픈 말도
다 수용하고 삭임질 하는 것은
하나님께서
우리를 토해버리지 아니하시고

사랑하시는 그 깊은 헤아림에서
터득한 것이옵니다

우리가 나이 덜 들었을 때 쉽게 말하던
믿음의 유산이란 말씀이 점점 더 어렵게 느껴짐은
우리가 우리 자신을
올바르게 키워가지 못하기 때문이옵니다

저희 한 사람을 사람되게 만드시기 위해
광야 사십년을 헤매게 하시고
구름기둥과 불기둥으로 인도하시고
만나를 먹여주신 하나님!

무한한 기다림으로 지켜보시는 그 보살핌의 인내를
아! 하나님!
우리도 그 인내를 배우라고 그러시는 거죠

자녀들에게 이삭과 야곱이 되라하기 전
저희가 먼저 아브라함이 되게 하옵소서

감사

잎은 떨어져서
엄마 나무를 생각할까

강을 거슬러 올라가
알을 낳고 죽는 연어
그 어미에 대한
깊은 연민이 있을까

새끼를 위해
자기의 몸을 아낌없이
다 내어 주는 가시고기
앙상히 뼈만 남은 모습을 보며
가슴 저미는 아픔을 느낄까

아!
말로 다할 수 없는
하나님의 섭리

지금도

잎은 떨어지고
연어는 강을 거슬러 올라가고
뼈만 남은 가시고기

너는 그것으로 만족하리
감사는 우리의 몫

병 고침을 받은 열사람중
주님 앞에 무릎 꿇은
한 사람

그 아홉은 어디 갔느냐?

감사는 우리의 생명

가나안 땅에 함께

홍해는 네 힘으로 건넜느냐
만나는 네가 준비하여 먹었느냐

원망과 후회의 말로
모세의 마음 아프게 하고

목이 굳은 백성이여!

놋뱀을 쳐다만 보아라
살리라

아-!
용서하시고 용서하시고
또 용서하시는 하나님!

맨발로 뛰어나와
맞으시는 그 품속에서
오랜 방황을 끝내고
베드로의 고백을 하게 하소서

믿음은 머리로 헤아리는 것이 아니옵고
가슴에 심어주는 하나님의 선물인 것을

먼저 할 것과 나중할 것
분별하지 못하고
주어진 보배로운 상자에
귀한 열매 담아 드리지 못하고
가버린 안타까운 세월

빈그릇 안고
무릎 꿇은 저희에게
자비의 손 내밀어 주소서

마지막 인내에 패배하지 않고
여호수아 갈렙처럼
가나안 땅에 함께
들어가게 하소서

가나안 땅에 함께
들어가게 하소서

성전 바닥을 닦으며

\- 2011.1.16 대 수리공사를 끝내고

퇴색하고 흠집 난 바닥을 닦으며
윤이 나기를 기대합니다

서로의 관계속에서
금이 가고 멍든 마음도
함께 닦으며 회복되기를 바랍니다

무엇으로 닦으면
더 윤이 날까요

성도들이 기도하며 흘린
눈물의 수건으로 닦을까요

일천 개의 손이
섬김의 손이 되어
낮아져서 닦을까요

시온의 대로를 꿈꾸며
감사 찬양 할 때

더 빛이 나겠지요

깊은 회개와 용서
결단의 마음을 묶어
제단에 바치오니
아 성전에
하나님의 감동이 넘치소서

한 바가지의 마중물이 되고
기쁨을 부풀리는 누룩이 되고
복음을 퍼뜨리는 씨앗이 되어

세세토록 이 성전에
하나님의 감동이 넘치게 하소서

3월의 눈

– 법정스님 가시는 날에

맑고 아름다운 분
가시는 길 예비하려
밤새 함박눈 소리 없이 내렸네

탐욕과 이기심으로 가득찬
이 곳 저 곳 보고
차마 발걸음 떨어지지 않을까
염려되어 하얗게 덮었네

세상은 계층간 빈부간
지배와 피지배간
그 어느 것도 평균율이 없는데
당신의 가는 길 옥분 세레는
고르기가 자로 잰 듯 하다

어찌 이리 공평할 수 있을까
당신의 뜻에 따라 나눈
배분의 원리가
이런 것일까

봄이 올 수 없다

– 천안함 주검을 애도하며

가지의 싹은 나오기가 싫어
먹구름 뒤로 숨어 버리고
바람은 연두색 빛을 먼 유형으로 쫓아버린다

총 한번 쏘지 못한 주검들이
화살이 되어 가슴마다 박히는데
못 이룬 꿈들이 봄을 막고 있다
하늘이여! 땅이여!
엄마여! 아내여!
그들의 이상(理想)을 가슴에 묻지 말고
영원히 변하지 않는 깃발이 되어
외치게 하라

수천만의 마음을 찢어
관위에 덮으니
편안히 가시옵소서
온 세상 가로막힌 벽마다
꽃으로 피어나소서

새벽에

\- 일본 대지진 참사를 보고

깨어있는 사람들의 염원이
불꽃으로 타오르고
오늘 하루를 선물 받은 감사가
온몸 구석구석을 돌아 나올 때
우리는 두 손 모아 고개 숙입니다

봄은 오는데
항거할 수 없는 큰 힘에 눌려
꽃피지 못하는
가까운 이웃과 먼 곳의 아픔을 안고
고개 숙인 머리위에
자비의 물 한방울이라도
내려 주시고
갈라진 마음의 골마다
그 능력의 손으로
어루만져 주십시오

꿇어앉은 무릎으로 기어 나와
떠오르는 해를 안을 때
상처에 새살이 차오르게 하소서

노을의 축배

한 생을
쉬지 않고 태우는 열정의 덩어리
그것 품고 달려온 삶의 색깔이
계절마다 다르다

꿈의 날개는 무지개로 피어나고
푸른 잎이
아름다운 단풍이 되기 위해 겪은
바람과의 부대낌
휘날리는 갈대의 손을 잡고
노을을 안는다

차곡차곡 익은 세월
저마다의 잔에 가득 부으니
제각기 맛이 다른 삶의 맛
따스한 눈길 서로 바라보며
축배의 잔 높이 드니
감사로 잔이 넘친다

벧엘로 올라가자

꿈꾸는 자는
꿈의 사닥다리를 오르리라

자기 주장이 하나님의 뜻에
합당하다는 고집을 일깨워 주시고
시기와 질투
진정으로 끌어 안지 못하는
가시돋힌 마음들을 내려놓고
따스한 눈길 하나에도 인색했던
교만한 뿌리들을 뽑아버리고

바울사도가 고백한
'예수 그리스도의 심장으로
무리를 어떻게 사모하는지…'
그 말씀 앞에 녹아지게 하소서

네게 허락한 것을 다 이루기까지
너를 떠나지 아니 하리라
하나님의 약속을 믿고
우리 모두 벧엘로 올라가자

마중물

많은 사람들이
대수롭게 지나치는 우물 가
필요할 때 쓰임 받고자
그 자리를 지키는 너의 모습

파종을 위하여 걸어둔 씨앗처럼
꼭 남겨져 있어야 하는 것
아무리 목이 타도
더 많은 물의 풍요를 위해
참아야 하고
더 많은 열매의 수확을 위해
간직해야 하는 밀알

스스로 올라오지 못하는
물의 길이 되고자
오늘도
기다리며 있다

제3부

수틀

그릇

간장 그릇을 보고
양푼이가 되라고 하지마라
바가지를 보고
물통이 되라고 흔들지 마라

지니고 있는 깨끗한 물
먼지 나는 곳에 알맞게 뿌리도록
물통의 물이나 마르지 않게
샘물 곁에
튼튼한 두레박이나 마련해 두렴

장기판에서도
차(車) 포(包)의 가는 길이 다르듯이
내 솜씨 담아 어울리는 그릇이 되어
장기판의 부담없는 길을
쉬지 않고 간다

연(鳶)

유년시절의 연은
아빠의 입김을 타고 오는 줄의 힘으로
날개를 달고

소년시절의 연은
산위에서 시야를 넓히는 창공의 비행

젊은 날
부풀대로 부푼 꿈을 안고
온 하늘을 헤매다
가지에 걸려 찢기고
벽에 부딪쳐 지친체
연기 나는 곳으로 내려가 보니
아!
밥상 차리는 어머니의 손목에 묶여 있는 줄

망망한 바다위에서
길을 잃고 헤맬 때
이끄는 그 줄을 따라
높이 더 높이 날아오른다

수틀

나이 따라 달라지는 실의 색깔
새로이 시작 할 때마다
생각의 깊이를 더하는 선택의 지혜로 감기는
따뜻하고 깨끗한 실
그 실로 수놓은 수틀에는
변하지 않는 사랑의 둘레가
울타리처럼 둘러쳐진다

수본대로 가지 않고
제생각대로 놓아져
바늘코를 달리 하는
조화롭지 못한 정원

그 중에서도
제일 어려운 것은
그 속에 사는 우리들의 삶을 수놓는 것

아직도 끝나지 않은 수틀을 안고
실을 꿰지 않은 바늘로
연륜의 무늬를 놓는다

가로등

네 옆에 귀를 달고 서 있고 싶다
보는 것만으로 충분하지 못할 때
귀로 들으면
더 바르게 느낄 수 있으니까

나란히 손잡고 서서
빛으로 말하는 네 말을 들으면
입이 없는 것이 얼마나 다행인가

말이 칼이 되는 세상

모두 눈으로 말하면
말로는 갈 수 없는 곳까지 가 닿아
상처를 어루만진다

파도

밀려오는 것은 파도뿐이 아니다
나이 따라 다가오는
격정과 욕심과 그리움
달아나도 쫓아와서
발목을 잡는 사슬

내려다보는 구름이
벗어나라 벗어나라
몸소 행동으로 보여주는데
얼마나 달아나야
탈옥(脫獄)을 할까

부딪치는 파도에 부서지고 또 부서지고
가루가 되어 날아가면
파도야 파도야
나를 놓아 주겠니

친구

친구는 늘 플랫홈에 서 있습니다
봄이면 목련으로 피고
가을이면 코스모스가 되어
기차의 꽁무니를 바라보며
멀어지는 시야 속으로
피워 올리던 오색구름

어느 날
흰눈이 쏟아져 내린 새벽
어머님의 만류로 역에 나가지 못하고
전송 나왔을지도 모를 친구 걱정을 하며
전전긍긍 들락날락 하던 중
대문을 두드리는 소리
방문을 여는 나를 향해 던진 과자, 떡, 땅콩
"가시나야" 서서 울던 그 모습
오십 여년 지나도 늙지도 않은 채
가슴 밑바닥에 각인 되어 있다

친구야!

너는 절대로 나 먼저 가선 안돼
마지막 플랫홈에서
떠나는 나를 향해 땅콩을 던져야지

대치동 거리에서

냉면으로 시장기를 달래고
천원에 세 마리 붕어빵으로
옛 입맛을 되살리며
칠십대의 소녀들이
웃음을 날리며 걷는다

등나무에 가려진 가로등불 희미하고
상현의 흐린 달빛이
길을 밝혀주는 초저녁

억대의 땅
한 평도 가진 것 없지만
붕어빵 두개로 행복해짐은
철들었음인가
안분지족(安分知足)에 길들었음인가

태종대에서

바다를 끼고도는 순환 열차를 타고
수평선에 빼앗긴 눈
설레임으로 열려질 무대의 막처럼
길게 이어진 그 선은
흘러간 역사의 장면과
다양한 삶의 모습을
잔잔한 수면 위에 펼친다

신라 태종 무열왕이 명승지를 돌다
절경에 반하여 발걸음 멈춘 곳
세월을 동여맨 큰 소나무는
해풍에 더 더욱 푸르고
파도에 씻겨지는 자갈 마당은
천년의 이야기를 담고 있다

지나온 삶의 크기만큼
넓혀진 바다
기대는 사람들을 안고
물결은 출렁인다

양양 바다를 보며

수평선이 있어
바다가 좋다

다가올 세상
펼칠 수 있는 꿈

기다림은
면을 부피로 팽창케 하여
모든 것을 담고 기른다

파도가 밀려가고 밀려와서
바위에 부딪치고
또 부딪치고
포말에 둥글어져 가는 모서리

긴 인고의 세월
그 넓은 치마 폭

아득한 것이 어찌하여

그리운 것이 되는지

양양 앞 바다에 서 보라

해빙기

눈(雪)으로 씻은 얼굴
눈으로 씻고 또 씻어
깨끗해진 가지에
움터 나오는 새싹의 미소

강물은 어서 출렁이는 물결이 되고파
겨울 내내 말하지 못한
뜨거운 밀어(密語)를 쏟아 붓고

기다림에 겹겹이 두터워진 마음을
감미로운 선율로
한 겹 한 겹 벗겨
해빙의 간절한 염원을 듣는다

안과 밖
모두 풀리는 소리
지구 저쪽의 굳은 땅에도
녹아내리는 소리

바다

안기면 마다 한적 없는
넉넉한 품
그래서 받아 아닌
바다인가 보다

때로
물기둥으로 일어서는 노도와
갈기 세운 포효로
사나운 짐승이 되기도 하지만
바람의 심술 멎으면
야성은 잊은 채 얌전해지는
길들여진 사육성

오늘도
보이지 않는 수많은 기둥을 세우고
포옹(抱擁)할 준비로 바쁘다

복권 일기

정말 어려웠던 때에도
생각지 않았던 복권을
사보기로 했다

매달 500만원씩을 이십년 준다는
연금식 복권
연금이 없는 노인들에겐 정말
귀가 다소곳해지는 희소식

좋은 꿈을 꾼 날
당첨이 잘 된다는 명당자리 복권 집을
물어서 삼십분을 걸어갔다
도착은 오후 5시 10분전 연금 복권 판매는 6시부터
한 시간을 아파트입구 나무 그늘에서
복권이 당첨되면 돈을 어떻게 쓸 것인가
생각하다 한 시간이 후딱 지나갔다

복권 세장 구매
발표 날이 무척 기다려졌다

선거 유세로 공약에 핏대를 올리는 후보들
그 말을 믿는 것이 더 확률이 높을까

칠십이 넘어서도 완전히 벗어나지 못하는 어리석음
자꾸 자꾸 눈물이 났다

11월의 엽서

한해의 몸부림을 끝내는
한 장의 엽서
굳이 수신인이 필요하랴
아무런 사연 적지 않고
단풍잎만 붙여 보내는 11월의 엽서

엽서 한 장 값은 0원
실제 무게는 사람마다 달라
색깔도 다르고 모양도 다르고
종류도 각각이야

올 해는 황금으로 물든
은행잎 엽서를 받고 싶다

저무는 해

열두 달을 꽉 채운
달력의 무게를 가누지 못해
벽은 경사로 기울었다

굽은 등으로 떠받치고 서서
안간힘으로 버티다
마지막 한 장 떼어 버리자
벽은 바로 섰네

매일 매일
잡고 있는 손
조금씩 놓아 가고

아카시아 잎을
하나씩 떼어내는 놀이를 하듯
묶여 있는 줄
차례로 끊어내 벗어나니

아! 가벼운 날들
감사만 남아 있네

요양원에서

서쪽 창으로 노을빛이 물들어온다
굽이굽이 돌아온 길
밀려오는 파도에
모두 닳아버린 마음 자락이
끈을 잇지 못하고
이리저리
왔다 갔다 하는 모습

때론 망각이 약일 수도 있지만
추억을 잃어버린
단지 지금만 있는 삶
메마른 가랑잎을 모아
불을 질러도 타지 않을 것 같은
껍질의 모습
가슴 제일 밑바닥이 아려온다

누구에게나 웃음을 나눠주며
안아주던 그 넓은 치마폭은 어디가고
하루 종일 의자 하나가 그의 공간인

안타까운 시간

무슨 연고일까
사랑의 줄기가 메말랐기 때문일까
바라보는 눈 속에 깊이 가라앉은 외로움
회복을 주소서
노을처럼
아름다운 끝이 되게 하소서

빈 의자

들국화 향기만 가득히 남겨두고
빈 의자 주인은 어디 갔나요

해지는 모습 바라보려고
노을 안고 따라 가다가
영영 돌아오지 못하시나요

주름진 세월의 폭마다 젖어 내리는 강
모든 응어리 다 내려놓고
가볍게 흘러가는 모습

오뚜기처럼 일어서고
담장이 넝쿨 같이 뻗어 올라 담을 넘던 발걸음
속으로 이랑 되어 흐르던 눈물
누가 알았을까

삼키고 또 삼키고
소원하며 이겨낸 나날들이
고개 숙인 가슴에
파편처럼 꽂힌다

화장장(火葬場)에서

한줌 뼈가루 남기기 위해
그처럼 달려 왔는가

청청한 소나무가 되기 위해
흘린 땀과 눈물이
차례대로 묶여져 매듭으로 끝나듯
소나무의 옹이로 남아
많은 말을 하고 있다

한 때는 푸른 잎을 다 떨어뜨려
덮고 싶었던 곳도 있었고
솔잎이 모두 입이 되어 외치고 싶었던 말
바람으로 날아라

활활 불 속에서 꽃이 되어
세상을 아름답게 하소서

제4부

나목

봄이 오다

미끈한 다리를 앞세우고
들어서는 봄
옷의 무게를 느낀다

하얀 목덜미에서
나풀거리는 머플러가
봄을 휘감아 풀면

열리는 문 속으로
고개 내미는 진달래
연두색 물감이
점을 찍는 행렬

산도 물들고
나도 물든다

매화

나무만으로도 볼품이 있는
고고한 자세
그 위에 꽃이 피었으니
금상첨화(錦上添花)라

흰 눈을 먼저 보내고
또 보내고
하얀 길 열고 열어
다가온 님
그 앞에선
감히 옷고름 풀지 못하고
긴 치맛자락 걷어 올리네

발걸음 죽여 가며 한 걸음 한 걸음
천상의 가야금 소리에 이끌리어
학(鶴)이 춤추는 곳으로 다가간다

벚꽃

짧은 시간이나마
꽃으로만 꽉 채울 수 있는 공간에
불꽃이 되어
꽃잎을 태우며 번져 가는 불길

나의 가슴에도 번져 와
속의 것 하나도 남김없이
타버렸네

정신없이 소용돌이치는
꽃길 위해서
때 묻지 않은 하얀 마음들의 완전한 연소

순수한 열기가
하늘을 덮는다

목련

대리석으로 깎은 꽃잎을
가지 높이 못질해 박아 놓았다

백악질(白堊質)의 점토를 이겨
차디찬 사기로 구워낸 꽃잎으로 밝힌
등(燈)을 걸었다

박제된 꽃잎으로 날개 한
한 무리의 학이

비상(飛上)을 꿈꾸며
한사코 깃털을 세운다

신록 아래서

살아 있음을 감사하는
새 잎들은
연두 빛

물오른 가지마다 칠한
화장은
분홍빛

겨우내 젖은 마음
가지에 내어 걸면

이산 저산
터지는 불꽃
향으로 번져지는 꽃물

꽃물에 젖은
꿈 하나
하늘에 띄운다

5월에

감사를 수놓은 세월의 보자기에
아카시아 꽃을 싸서
가로수에 걸면

옷깃에 스며드는 향(香)
주름진 구석구석이
파라솔처럼 펼쳐진다

이곳 저곳
조용한 곳 하나도 없는 이 땅에
내리는 꽃의 위로

깊은 곳 남은 숙제
아직도 다 풀지 못하고

칭찬받을 일 없어도

5월을 안으면
쓰다듬는 손길 느낀다

나목(裸木)

잎이 무성할 때
보이지 않던 옆 가지가
이제사 보이네

가지만이 아니고
가지에 앉았다 간
바람과
잠시 꽃 피우다 떠난
계절이며
철 따라 오가는 새들도 보인다

보이는 것은
그 뿐이 아니다
버릴 것을 다 버렸을 때
비로소 드러나는
내가 보인다

숲 그늘에서

일상의 피곤한 비늘들
다 벗기고
맨살이 드러난 가벼움으로
그림자를 안으면

세포마다 빠져나가는 독소
막힌 숨이
나무 끝으로 올라
연기되어 날아간다

관계의 무게도
인연의 아픔도
나무들이 모두 흡수하고

맑은 공기로만 다스리는
이 공간
한없이 채워주는
넉넉한 품속

나무

제마다
커다란 면류관을 쓰고
축복인 듯 받들고 선
나무들

하늘바라기로도 성에 안찬지
발돋움으로 서서
천심인듯 기둥하나로 선
나무

폭신한 그늘에 앉아
옹이로 굳은 시름들 풀어보면
금새 수액이 도는
가슴

오는 가을 축복으로 쏟아질
풋 열매들 마음으로 익혀보며
나무와 함께
한나절을 쉬어본다

남한산성으로 가며

아직도
연두색 가슴이고 싶은 것일까

단골집 기사를 달래
남한산성으로 오른다

꽃보다 향이 더 진한
우리네 처지와 비슷한
아카시아꽃

오늘만은
가슴의 가시를 모두
감추기로 한다

누군가 선창이라도 하듯
'옛날의 금잔디 동산에…'
노랫소리 맛사지 되어
얼굴의 주름들 하나씩 펴진다

멀리
흰 구름 마음을 헹궈내고
향긋한 꽃바람에 날려 보내는
세월의 무게

술 없이도 취하는 추억의 잔에
웃음 가득 부어 축배를 든다

여름 끝

비정했던
지난 여름
수마가 핥고 간
상체기 마다 응혈이 고여 있다

무슨 죄를 지었다고
하늘에선 투창으로 다스리고
천둥은 또
벼락으로 내리쳤을까

흙과 더불어 순종하며
살아온 사람들만
발을 동동 구르고

이 땅에 평균율은
어디에 있을까

가을산

가을을 해산한 산은
오색이불을 덮고
산욕(産褥)을 앓고 있다

가지에서 가지로
금줄을 매단
나무들이 입산을 지키고 서 있지만
타는 단풍의 열기는 막을 수 없네

산허리마다 굽이굽이
물결치는 빛의 파도

스무 살
마음 창에 비치던
절정의 색깔들이
세월 속에 채색되어
삶의 무늬로 우뚝 다가서
나도 가을을 낳으려
산을 품는다

가을 문턱

소슬바람이 원인일까
높아가는 하늘을 바라보니
현기증이 난다

부딪치면 깨어지는
유리잔을 다루듯
아직 남은
여름 끝의 열기(熱氣)가
등 뒤에서 어깨를 감싸 안으며
조심스레 다독거린다

'예방주사를 맞으렴'
가을 얼굴을 대하고
미소 지으려면
중심을 잃지 말아야지

이번 가을 문턱은
고개를 넘는 것 같다

은행나무

개나리의 노란 웃음이
가지마다 달렸네

봄이 가고 중년을 지나
황금빛으로 세월을 밟고 서서
풍성한 마음을 열고 서있는
누나 같은 나무

아버지의 장례차가 떠나간 길가에
가로수로 서서
흐느끼는 어깨를 안으며
전하는 부탁의 말씀
말없이 삭임질 하고

개나리의 노란 웃음이
마주선 큰 나무가 되어
서로 바라보는 지금
누나의 노랗게 물든 잎이
내 가슴으로 떨어지네

가을 여행

가을 창은 인상파 화가의 그림
마음을 끌고 달아난다

나무마다 펼치는 잎새의 절정이
나를 부끄럽게 하여
찬란한 옷으로 바꿔 입고
나란히 서본다

알맞게 익은 감의 만족한 웃음
탐스런 대추의 귀여운 입
들판의 풍요는 기도되어 올라간다

잘 익은 열매들 옆에
빈 가슴 열어 놓고
대추씨 물고 돌아오는
빈 가방

처서

늦여름과 초가을의 중간지대
처서
그래선지 낮에는 여름
아침 저녁에는 가을
두 계절이 동서 한다

계절과 계절 사이로
난 길이 하나

여름 상처의 처방전을 들고
엄마의 약손을 그리워하며
가을행 행인이 지나가고 있다

아름답게 익어가는 법을 생각하며
햇살을 안고 걸어간다

낙엽

얼마쯤 생을 불태우면
저리 꽃잎보다 고운 빛깔이 될까

빛깔이 되어
계절을 물들일 수 있을까

떠날 때 버리고 가는
자연의 이치 따라 찍는
발자국

따라 걸으면
이마엔 듯 가슴엔 듯 길 하나 열리고
열린 길에
나도 발자국 찍고 간다

가을 비

낙엽도 젖어 뒹굴지 못하고
가을볕에 말린 보송보송한
마음도 젖어 무게를 더하는데

우산을 쓰고 같이 군밤을 먹던
광화문 거리의 추억은
비에 젖지 않네

소낙비는 시원하게 더러운 것 씻어 내리지만
소리 없이 내리는 가을비는
강물의 수면만 건드려서
마음 어지럽히니
가라앉은 내면에 두께를 더하여
휘청 거린다

비가 그치면
벽난로 앞에서
따끈한 커피를 마시며
젖은 것은 모두 말려야지
낙엽도 함께

갈대

강가에 갈대가 없다면
더 쓸쓸할까
덜 쓸쓸할까

보낼 일 없는 날엔
바람이라도 보내며
내젓는 손사래

갈대가 있어
마음 편히 떠나는 강물

어찌 갈대뿐이랴
떠나고 보내는 것이

고베의 야경

그와 같이 오고 싶었던 이곳
물결에 비친 오리엔탈 호텔의 그림자가
찬란한 네온사인과 어우러져
빛의 조화를 이루는 극치

화가는 이 색깔을 몇 가지로 나타낼까
詩로 표현하는 것보다
물감으로 나타내는 것이 더 실감이 날것 같다
황홀한 풍경을 같이 감탄할 사람이 없는 것이
못내 아쉽다

며느리는 저쪽에서 핸드폰을 걸고 있고
나는 사랑의 노래 부른다
'그대 있음에 내가 있네
나를 불러 손잡게 하라'
그의 애창곡이 출렁이는 빛의 물결을 타고
내게로 다가온다

야외 온천

일본에서 유명하다는 온천으로
아들 내외가 데리고 갔다
가는 도중에
달걀을 칠분 만에 삶아 먹고
따뜻한 물이 흐르는 냇가에 앉아
발을 담그고 흰 구름 바라보던 하늘 가
부러울 것 없는 시간

온천 안으로 들어가 야외 물속에 앉으니
자연 속에 내가 있고
내 속에 자연이 들어와
같이 숨쉬는 일심동체

머리는 바람에 가벼워지고
몸은 따뜻한 물에 피로를 풀어 날아 갈 듯
목욕탕에선 몸의 때만 씻지만
야외 온천은 머리 속까지 씻어
일석이조(一石二鳥)네

미라보 다리

- 파리 세느강 유람선을 타고

강변의 집들은
아름다운 건축 양식의 외양을 자랑하듯
어깨를 나란히 대고 서있고
강은 그림자를 안고
흔들리며 우리에게 다가온다

기분좋은 바람을 안고 뱃전에 서서
놓칠세라 지나가는 다리들을 바라본다
'미라보 다리 아래로 세느강은 흐르고
흐르는 강물따라 우리들 사랑도 흐른다'
아포리네르의 시구절을 외우며
세월을 거슬러 오른다

다양한 사랑의 모습들
제각기 다른 밀어들이 가슴을 적시고
친구들의 찬란한 색깔의 머플러가
그들 사랑의 빛깔처럼 아름답게 휘날린다

카프리 섬

서유럽 여행에서 선택하여 가는 코스
다리가 염려되어 갈까 말까 망설이다
따라 나선 곳

경사진 산길을 숨가쁘게 올라가
한사람씩 리프트를 타고 정상을 오르는데
멀리 바라보이는 바다 그림 같은 동네
발밑에 펼쳐져 있는 예쁜 꽃들
'하나님 보시기에 참 좋았더라'
창조주도 스스로 감탄하신 솜씨
왜 혼자씩 리프트를 태웠는지 알겠다

정상에서 내려다 보니
해변을 끼고 있는 동네가
우리나라 남쪽의 어느 도시를 연상케 했다
언어와 풍속이 다를 뿐 사람 사는 것은 다 마찬가지
자연은 어디서나 우리를 편하게 안아준다

뿌리 공원에서

- 대전 효마을

뿌리의 염원이
안개처럼 서리어 있는 동산에
조상들의 얼을 딛고
줄지어 서 있는 비석들의 행렬
그 근원은 몇 백년을 거슬러 오른다

세월 속에 빛나던 그들의 자취가
글자마다 살아있고
삶의 끝은 뿌리로 남아
자손들의 이름위에 쓰여지니
장하도다

오늘도 어진 백성들
좋은 뿌리가 되고 싶어
매일 매일 마음을 앓는다

제4부

시집평설

다양한 詩域의 형상미학

박 진 환
(문학평론가 · 문학박사)

Ⅰ. 前提

4부에 나누어 70여편의 시를 수록하고 있는 시집 『노을의 축배』는 임정순 시인이 상재한 첫 번째 시집이 된다. 오랜 소망사고였던 시인의 꿈을 늦깎이로 실현한 시인이 데뷔 전후에 걸쳐 쓴 70여편의 시를 한데 묶어 『노을의 축배』란 타이틀로 엮어내는데는 그럴만한 이유가 있는 것 같다.

시집 「책머리에」 글에 의하면 '꿈이 있는 사람은 늙지 않는

다'라는 말을 가슴에 새기며 등단의 문을 통과했다는 진술이 첫 행을 장식하고 있는데 이 진술에서 '꿈이 있는 사람은 늙지 않는다'는 대목은 이 시집을 이해하는데 중요한 단서를 제공해 줄듯 싶다. 그것은 '꿈'과 '늙지 않음'이라는 등식의 해석에 따라 시는 물론, 시집의 성격을 달리할 수 있기 때문이다.

'노을'하면 일몰 · 낙조 · 낙일 · 황혼 등과 함께 斜陽의식을 환기시킨다. 사양은 비스듬이 해가 서녘하늘로 기우는 저물녘을 말한다. 그래서 노을을 앞에 하면 자연스레 홀로 외롭게 서 있는 성에서 기우는 저녁해를 마주하며 쓸쓸한 느낌을 떨쳐버릴 수 없게 한다.

일찍이 당나라의 궁정시인이었던 王維가 孤城落日이라고 읊었던 것도 다름 아닌 '노을'이 환기시키는 정서적 표출이었던 셈이다.

왕유 만이 그랬던 것은 아니다. 20C 지성들이 물질적 가치에 밀려 정신적 가치가 퇴락하는 斜陽의식을 어둠으로 보면서 이 어둠에서 구원이고자 빛을 찾았던 것이 소위 말하는 모더니즘의 光源이다. 어둠을 밝히는 서칠나이트의 광원이 知性에 있다는, 그리하여 지성만이 몰락해가는 정신적 가치를 일으켜 세울 수 있다고 믿었던 것이 모더니즘의 정신본질이라는 것은 주지하는 바다.

해석이야 어쨌건 '노을'이 환기시키는 황혼 · 일몰 · 낙일

· 낙조와 같은 사양의식은 엘리지의 속성으로 강하게 작용한다. 지는 해를 앞에 한 인간의 정서적 환기력엔 비감이 깃들거나 비감에 젖기마련이기 때문이다.

헌데 이와는 달리 '노을의 축배'를 든 시인이 있다. '노을'을 자축하거나 '노을'에 감사하거나 '노을'을 향해 환호하거나 했을 때만 들 수 있는 축배는 확실히 일찍이 王維가 노래했던 엘리지의 비감인 孤城落日과는 다른 차원의 축배다. 무엇인가 축하하기 위해 높이드는 잔이 축배이기 때문이다.

어찌 보면 매우 동떨어진 보편정서로부터의 일탈이라고 할 수 있는 '노을의 축배', 그것도 시집 타이틀로 삼을만큼의 축배였다면 분명 그럴만한 이유가 있을 것으로 보는데 역시 시집 서문 '꿈이 있는 사람은 늙지 않는다'가 이를 잘 말해주고 있다.

풀이하면 '꿈'이 있었기에 늙지 않았고, 꿈을 실현했으니 축배를 들 수밖에 없다는 이치다. 이 이치는 '노을'을 비애의 것에서 '꿈'을 실현해오는 과정에서 맞는 인생의 완숙기로 맞이함으로써 '꿈'과 '꿈의 실현'을 동시에 기념할 수 있는 시집 『노을의 축배』가 될 수밖에 없기 때문이다.

시집의 배경설명은 이러하거니와 시인은 과연 '노을'과 '축배'를 시로써 어떻게 형상화 했던가를 시를 통해 조명해 보기로 한다.

시집 『노을의 축배』는 4부에 나누어 70여편의 시를 수록하고 있다. 이를 파트별로 나누어 조명했을 때 시집 『노을의 축배』는 그 본태를 드러낼 것으로 보여진다.

2. 네 詩域의 조명

제1부 「신촌거리에서」에는 「그대의 졸업」 외 18편의 시를 묶고 있다. 특별히 성격을 같이 한다거나 특성 및 소제의 인접성을 지녔다거나 보다는 그때그때 시인의 눈에 포착된 대상들을 발상으로 씌어졌다고 보여지는 제1부의 시편들은 그래서 시적 연계성보다는 개체성을 더 강하게 드러나고 있다. 시를 제시해 본다.

일상을 벗어버리고 마주한 고요가
경련처럼 흔들리는 호반에
파문으로 번진다

내려앉은 흰구름이 갈증을 푸는지
목을 축이고는
먼 길을 떠나듯
그림자 동행하고 흘러간다

면경삼아 내려다 본 물속에 비친 얼굴위에
또 겹쳐지는 얼굴 하나
파문으로 지워졌다
연화처럼 피어난다

'국수역 예마당에서'란 부제가 붙어있는 시 「호반」의 전문이다. 호반의 풍경이랄까, 아름다움이랄까, 호반이 환기시키는 정감이랄까를 몇 개의 컷으로 재단해다 재구성해내는 형상화가 만만치 않은 솜씨를 보여주고 있다.

1연에서의 '고요'와 '파문'이 환기시키는 정태와 동태의 대비나, 2연에서의 호반에 그림자를 드리우고 가는 구름을 '갈증을 푸는지 / 목을 축이고는', '그림자 동행하고 흘러간다'등의 진술이 말해주는 대상외의 대상을 끌어들여 동화시켜주는 친화력, 그리고 호반 면경삼아 스스로의 모습을 피사체로 확인해내면서 동시에 또 하나의 얼굴을 오버랩시키는 가버린 날의 환기력등은 임정순 시인이 시적 대상을 여러 경로로 재단해다 짜맞출줄 안다는 것을 말해주고 있다고 보여진다.

예시 외에도 「단풍」, 「고향」, 「소국」 등의 시편들이 보여주는 변용의 솜씨는 시법을 알고 시를 쓰고 있다는 신뢰에 값하고 있어 설득력을 획득하고 있다고 보여진다.

시 「단풍」 을 통해 이를 확인해 보기로 한다.

처음엔

찬란한 잔치인줄 알았다

뒤늦게야

울음하며 흘린 붉은 눈물이란 걸

알았다

돌아갈 것을 슬퍼하며 울음하는

철새같이

떨어져 나간 생의 마감을

슬퍼했음이거니

가지마다 노을로

떠나가는 잎새들

마지막 목숨 불태우고

돌아가고 싶어 소지(燒紙)로 날려 보낸

단풍의 사연을

울음으로 읽는다

붉게 물든 단풍을 '찬란한 잔치', '붉은 눈물', '돌아갈 것을 슬

펴하며', 우는 울음 '생의 마감', '떠나가는 잎새'등으로 변용해내는 솜씨에서 시란 보고, 느끼고, 생각하는 것을 형상으로 변용해내는 형상미학이란 걸 알고 시를 출발시키고 있다고 보아 줄 수 있게 한다.

특히 변용이 현대시법을 대표하는 낯설게 쓰기라는 점에서 보면 시법을 알고 시를 쓸 수 있다는 것은 본질은 다르지만 축배에 값할 수 있다고 보여진다.

제2부는 「벧엘로 올라가자」라는 타이틀을 앞세우고 「강물」외 11편의 시를 한데 묶고 있다. 독실한 기독교 신자라는 걸 재확인시켜준다고나 할까, 기독적 삶에의 충실을 말해준다고나 할까, 어쨌든 자신의 신앙을 통한 발원과 발원의 실현을 통한 구원에 가닿고자 한 것은 신앙인이면 누구나 지니고 있는 소망이고, 또 이 소망의 실현을 위해 부단히 구도인이 되는 것도 사실이다.

제2부의 시편들은 바로 임정순 시인의 신앙의 고백적 진술이거나 종교적 발원의 실현을 위한 기도이거나, 신앙인의 자세는 물론 걸어야 할 길을 충실히 걷고 있는 신앙의 형상화라고 보여진다. 시를 제시해 본다.

한 생을
쉬지 않고 태우는 열정의 덩어리

그것 품고 달려온 삶의 색깔이
계절마다 다르다

꿈의 날개는 무지개로 피어나고
푸른 잎이
아름다운 단풍이 되기 위해 겪은
바람과의 부대낌
휘날리는 갈대의 손을 잡고
노을을 안는다

차곡차곡 익은 세월
저마다의 잔에 가득 부으니
제각기 맛이 다른 삶의 맛
따스한 눈길 서로 바라보며
축배의 잔 높이 드니
감사로 잔이 넘친다

꿈꾸는 자는
꿈의 사닥다리를 오르리라

자기 주장이 하나님의 뜻에
합당하다는 고집을 일깨워 주시고
시기와 질투
진정으로 끌어 안지 못하는
가시돋힌 마음들을 내려놓고
따스한 눈길 하나에도 인색했던
교만한 뿌리들을 뽑아버리고

바울사도가 고백한
'예수 그리스도의 심장으로
무리를 어떻게 사모하는지…'
그 말씀 앞에 녹아지게 하소서

네게 허락한 것을 다 이루기까지
너를 떠나지 아니 하리라
하나님의 약속을 믿고
우리 모두 벧엘로 올라가자

앞의 시는 시집 타이틀이기도 한 「노을의 축배」 전문이고, 뒤의 시는 2부의 타이틀인 「벧엘로 올라가자」의 전문이다. 예시들은 타이틀 시라는 점에서 비중을 가늠할 수 있게 하는데 여기에서 비중은 시적이기보다는 신앙적 비중에 더 무게가 살릴 것으로 보여진다.

「노을의 축배」를 일별해 보면 종교적 신앙이나 신앙을 통한 기원, 기원을 통한 실현과 같은 신앙적 흔적이 드러나지 않고 있다. 그래서 왜 이 시를 신앙 시편에 편입시켰을까에 대한 의아심을 떨쳐버리지 못하게 한다.

그러나 이 의아심은 '시는 종국에 가서 종교적 해석에 의존된다'는 요지의 엘리엇의 말이나 '시는 종교에 의해 생겨났고 종교는 시에 의해 부흥했다'는 괴테의 말, 그리고 '시는 신앙이다'라고 말했던 R. M.알베레스의 말들을 상기시키면 이해가 갈 것으로 본다. 그것은 시 「노을의 축배」가 단순한 자축의 잔이 아닌 시를 신앙으로 알고 살아왔고, 신앙의 실천을 위한 미적 구현으로 알고 써왔던 시인에게는 분명히 시가 신앙 전체가 될 수 있기 때문이다. 그리고 신앙에의 충실인 시쓰는 일을 생 자체로 알고 살아온 시인이라면 어찌 그 결정판인 시집과 시를 앞에 하고 축배를 들지 않을 수 있겠는가. 이를 말해 주는 것이 예시 「노을의 축배」다.

뒤의 시 「벧엘로 올라가자」는 시가 신앙이었던 것과는 달리 하나님의 말씀을 좇고 약속을 믿고 실천하기 위해 '벧엘'로 올라가자고 청유하는 적극적인 신앙의 자세를 보여주고 있다. 특히 시행 '예수그리스도의 심장으로 / 무리를 어떻게 사모하는지 /

그 말씀 앞에 녹아지게 하소서'라고 기구하는 것에서 '녹아지게'는 굳었던 것이 누그러져 하나로 합쳐지는 것을 의미하는 것으로서 김현승의 시 「절대신앙」에서 불꽃과 눈이 하나가 되듯 정신적 승화를 의미하는 대목으로서 임정순 시인의 돈독하고 치열한 신앙심을 읽게 해주고 있다.

제3부 「수틀」에는 「그릇」외 15편의 시를 한데 묶고 있다. 특별히 내놓을 시역이 있는 것은 아니지만 소박한 삶을 살아가는 화자의 삶의 여러 단면들을 발상으로 형상화 해주고 있는 시편들 속엔 꿈과 사랑과 같은 내면풍경들을 전경으로 펼쳐주고 있어 호감이 간다. 시를 제시했을 때 역시 이해를 도울 것으로 본다.

나이 따라 달라지는 실의 색깔
새로이 시작 할 때마다
생각의 깊이를 더하는 선택의 지혜로 감기는
따뜻하고 깨끗한 실
그 실로 수놓은 수틀에는
변하지 않는 사랑의 둘레가
울타리처럼 둘러쳐진다

수본대로 가지 않고

제생각대로 놓아져
바늘코를 달리 하는
조화롭지 못한 정원

그 중에서도
제일 어려운 것은
그 속에 사는 우리들의 삶을 수놓는 것

아직도 끝나지 않은 수틀을 안고
실을 꿰지 않은 바늘로
연륜의 무늬를 놓는다

네 옆에 귀를 달고 서 있고 싶다
보는 것만으로 충분하지 못할 때
귀로 들으면
더 바르게 느낄 수 있으니까

나란히 손잡고 서서
빛으로 말하는 네 말을 들으면

입이 없는 것이 얼마나 다행인가

말이 칼이 되는 세상

모두 눈으로 말하면
말로는 갈 수 없는 곳까지 가 닿아
상처를 어루만진다

앞의 시는 「수틀」의 전문이고, 뒤의 시는 「가로등」의 전문이다. 인간의 삶은 생을 짜깁기 하기도 하고 행복을 수놓기도 하며·나름대로의 생을 개척하거나 설계하며 살아간다.

예시 「수틀」도 생을 수놓는, 수놓아 사랑의 문양으로 새기고 싶은 소박한 소망과 소망을 좇으며 아직 끝나지 않는 연륜의 무늬를 문양으로 수놓아가는 인생의 진행형을 제시해 주고 있다. 스스로의 생과 사랑을 수틀에 무늬로 새길 수 있는 삶의 설계와 삶을 사랑으로 채색해가는 인생설계는 아름다움 자체이다. 임정순시인의 시는 이러한 아름다움을 읽게 해주고 있는데 시 「수틀」은 바로 그러한 예시가 될 것 같다.

예시 「가로등」은 세상살아가는 지혜를 가로등을 빌어 발견하고 있다. 들어서는 안될 말, 듣기 싫어도 들어야 할 말 등 세상은 말의 범람으로 홍수를 이루고 있다. 그런가 하면 말이 칼이 되기도 하여 상처를 주고 상처를 입는 세상이기도 하다. 이러한 세상을 살아가면서 바로 들을 수 있는 귀, 바로 볼 수 있는 눈에 대한 경각심을 가로등을 통해 읽어낼 수 있는 것은 진정한 귀와 눈을 가졌을 때만이 가능하다. 이러한 가능성을 의외의 사물인 가로등을 빌어 일깨워주고 있는 진솔성에 믿음이 가게하는 설득력을 획득하고 있다.

끝으로 제4부는 「나목」이란 타이틀에 「봄이 오다」외 25편의 시를 함께 묶고 있다. 주로 계절을 담고 있는 시편들과 말미에는 여행시편들을 곁들이고 있는데 자연감정이랄까, 자연과의 교감이랄까를 발상으로 하고 있어 정서적 친근감으로 다가가게 해주고 있다. 시를 제시해 본다.

대리석으로 깎은 꽃잎을
가지 높이 못질해 박아 놓았다

백악질(白堊質)의 점토를 이겨
차디찬 사기로 구워낸 꽃잎으로 밝힌
등(燈)을 걸었다

박제된 꽃잎으로 날개 한
한 무리의 학이

비상(飛上)을 꿈꾸며
한사코 깃털을 세운다

잎이 무성할 때
보이지 않던 옆 가지가
이제사 보이네

가지만이 아니고
가지에 앉았다 간
바람과
잠시 꽃 피우다 떠난
계절이며
철 따라 오가는 새들도 보인다

보이는 것은
그 뿐이 아니다
버릴 것을 다 버렸을 때
비로소 드러나는
내가 보인다

앞의 시는 많은 꽃 시편 중에서 골라본 「목련」의 전문이고, 뒤의 시는 「나목」의 전문이다.

「목련」은 원래의 시적 대상물인 목련은 뒤에 숨고 전면엔 '대리석으로 깎은 꽃잎', '백악질 점토를 이겨 / 차디찬 사기로 구워낸 꽃잎으로 밝힌 등', '한무리 학' 등으로 목련과는 전혀 동떨어진 사물들을 배치하고 있다. 이른바 전경화라고 할 수 있는 이러한 시법이 다름 아닌 서구식으로는 낯설게 쓰기이고, 우리식으로는 변용이라고 할 수 있다. 시는 어떤 대상이건 본디의 모습을 바꿔 새 모습으로 형상화 했을 때 변용이라는 창조에 값하게 되는데 임정순 시인은 이를 알고 자신의 시에 실천하고 있음을 보여주는 시다.

뒤의 예시 「나목」은 잎을 다 떨궈버린 후의 앙상한 가지만 남은 나목을 빌어 '가지에 앉았던 바람', '꽃피우다 떠나 계절', '철따라 오가는 새들', 그리고 '버릴 것을 다 버렸을 때 / 비로소 드러나는 / 내'가 보여준 見者로서의 고성능 시력을 보여주고 있는데 이는 사물뒤에 드러나지 않는 秘義의 발견과 같은 것이어서 시인의 見者로서의 투시, 투과의 고성능 시력을 보여주고 있다. 이만하면 모든 사물뒤에 가려져 있는 啓示性까지도 발견해 낼 수 있지 않을까. 이 쯤에서 결론을 제시해도 좋을 것 같다.

3. 결어

4부에 나누어 70여편의 시를 수록하고 있는 임정순 시인의 시집 『노을의 축배』는 시를 신앙으로 알고 이를 시로써 실천하고 실현해가는 시인의 자아 실현이라고 보아줄 수 있을 것으로 본다. 그 때문에 그의 기독적 신앙과 함께 시는 시인 자신의 신앙이고 이 신앙의 실현을 자축하는 것이 『노을의 축배』로 제시됐다고 할 수 있다.

그리고 시들은 편편마다, 그것이 종교였건 자신의 내면 세계였건, 계절이었건 시의 정공법이라 할 수 있는 레토릭을 원용하고 있다는 점에서 시적 설득력과 함께 신뢰를 획득하고 있다고 여겨진다.

•

임정순 시인은 경남 마산 출신으로 마산여고와 수도여자 사범대학 국문과를 졸업한 후 중학교 국어교사로 다년간 근무하였다. 2008년 『조선문학』 신인작품에 시가 당선되어 데뷔했고, 한국 문인협회 회원, 조선문학문인회, 형상21시문학회, 21C 시학아카데미 회원으로 활동하고 있다.

•

조선문학시인선 306

노을의 축배

2011년 11월 15일 인쇄
2011년 11월 20일 발행

지은이 / 임정순
발행인 / 박진환
펴낸곳 / 조선문학사
등록번호 / 1-2733
주소 · 110-092 서울 서대문구 홍제2동 96-4
대표전화 / 730-2255
팩스 / 723-9373

ISBN 978-89-93614-73-2

정가 8,000원